PRÉFACE

La collection de guides de conversation "Tout ira bien!", publié par T&P Books, est conçue pour les gens qui voyagent par affaire ou par plaisir. Les guides de conversations contiennent le plus important - l'essentiel pour la communication de base. Il s'agit d'une série indispensable de phrases pour survivre à l'étranger.

Ce guide de conversation vous aidera dans la plupart des cas où vous devez demander quelque chose, trouver une direction, découvrir le prix d'un souvenir, etc. Il peut aussi résoudre des situations de communication difficile lorsque la gesticulation n'aide pas.

Ce livre contient beaucoup de phrases qui ont été groupées par thèmes. Vous trouverez aussi un mini dictionnaire avec des mots utiles - les nombres, le temps, le calendrier, les couleurs...

Emmenez avec vous un guide de conversation "Tout ira bien!" sur la route et vous aurez un compagnon de voyage irremplaçable qui vous aidera à vous sortir de toutes les situations et vous enseignera à ne pas avoir peur de parler aux étrangers.

TABLE DES MATIÈRES

Prononciation 5
Liste des abréviations 6
Guide de conversation Français-l'arabe égyptien 9
Mini dictionnaire 73

T&P Books Publishing

Collection de guides de conversation
"Tout ira bien!"

T&P Books Publishing

GUIDE DE CONVERSATION

ARABE

LES PHRASES LES PLUS UTILES

Ce guide de conversation contient les phrases et les questions les plus communes et nécessaires pour communiquer avec des étrangers

Par Andrey Taranov

T&P BOOKS

Guide de conversation + dictionnaire de 250 mots

Guide de conversation Français-Arabe égyptien et mini dictionnaire de 250 mots

Par Andrey Taranov

La collection de guides de conversation "Tout ira bien!", publiée par T&P Books, est conçue pour les gens qui voyagent par affaire ou par plaisir. Les guides contiennent l'essentiel pour la communication de base. Il s'agit d'une série indispensable de phrases pour "survivre" à l'étranger.

Vous trouverez aussi un mini dictionnaire de 250 mots utiles, nécessaire à la communication quotidienne - le nom des mois, des jours, les unités de mesure, les membres de la famille, et plus encore.

T&P Books Publishing
www.tpbooks.com

ISBN: 978-1-78716-943-2

Ce livre existe également en format électronique.
Pour plus d'informations, veuillez consulter notre site: www.tpbooks.com
ou rendez-vous sur ceux des grandes librairies en ligne.

PRONONCIATION

Alphabet phonétique T&P	Exemple en arabe égyptien	Exemple en français
[a]	[ṭaffa] طفّى	classe
[ā]	[eχtār] إختار	camarade
[e]	[setta] ستّة	équipe
[i]	[minā'] ميناء	stylo
[ī]	[ebrīl] إبريل	industrie
[o]	[oɣosṭos] أغسطس	normal
[ō]	[ḥalazōn] حلزون	tableau
[u]	[kalkutta] كلكتا	boulevard
[ū]	[gamūs] جاموس	sucre
[b]	[bedāya] بداية	bureau
[d]	[sa'āda] سعادة	document
[ḍ]	[waḍ'] وضع	[d] pharyngale
[ʒ]	[arʒantīn] الأرجنتين	jeunesse
[ẓ]	[ẓahar] ظهر	[z] pharyngale
[f]	[χafīf] خفيف	formule
[g]	[bahga] بهجة	gris
[h]	[ettegāh] إتّجاه	[h] aspiré
[ḥ]	[ḥabb] حبّ	[h] pharyngale
[y]	[dahaby] ذهبي	maillot
[k]	[korsy] كرسي	bocal
[l]	[lammaḥ] لمّح	vélo
[m]	[marṣad] مرصد	minéral
[n]	[ganūb] جنوب	ananas
[p]	[kaputʃino] كابتشينو	panama
[q]	[wasaq] وثق	cadeau
[r]	[roḥe] روح	racine, rouge
[s]	[soχreya] سخرية	syndicat
[ṣ]	[me'ṣam] معصم	[s] pharyngale
[ʃ]	['aʃā'] عشاء	chariot
[t]	[tanūb] تنوب	tennis
[ṭ]	[χarīṭa] خريطة	[t] pharyngale
[θ]	[mamūθ] ماموث	consonne fricative dentale sourde
[v]	[vietnām] فيتنام	rivière
[w]	[wadda'] ودّع	iguane
[χ]	[baχīl] بخيل	scots - nicht, allemand - Dach

LISTE DES ABRÉVIATIONS

Abréviations en arabe égyptien

du	-	nom (à double) pluriel
f	-	nom féminin
m	-	nom masculin
pl	-	pluriel

Abréviations en français

adj	-	adjective
adv	-	adverbe
anim.	-	animé
conj	-	conjonction
dénombr.	-	dénombrable
etc.	-	et cetera
f	-	nom féminin
f pl	-	féminin pluriel
fam.	-	familiar
fem.	-	féminin
form.	-	formal
inanim.	-	inanimé
indénombr.	-	indénombrable
m	-	nom masculin
m pl	-	masculin pluriel
m, f	-	masculin, féminin
masc.	-	masculin
math	-	mathematics
mil.	-	militaire
pl	-	pluriel
prep	-	préposition
pron	-	pronom
qch	-	quelque chose
qn	-	quelqu'un
sing.	-	singulier
v aux	-	verbe auxiliaire
v imp	-	verbe impersonnel
vi	-	verbe intransitif
vi, vt	-	verbe intransitif, transitif

vp	-	verbe pronominal
vt	-	verbe transitif

T&P BOOKS

GUIDE DE CONVERSATION ARABE

Cette section contient des phrases importantes qui peuvent être utiles dans des situations courantes. Le guide vous aidera à demander des directions, clarifier le prix, acheter des billets et commander des plats au restaurant

T&P Books Publishing

CONTENU DU GUIDE DE CONVERSATION

Les essentiels 12
Questions 15
Besoins 16
Comment demander la direction 18
Affiches, Pancartes 20
Transport - Phrases générales 22
Acheter un billet 24
L'autobus 26
Train 28
Sur le train - Dialogue (Pas de billet) 29
Taxi 30
Hôtel 32
Restaurant 35
Shopping. Faire les Magasins 37
En ville 39
L'argent 41

Le temps 43
Salutations - Introductions 45
Les adieux 47
Une langue étrangère 49
Les excuses 50
Les accords 51
Refus, exprimer le doute 52
Exprimer la gratitude 54
Félicitations. Vœux de fête 55
Socialiser 56
Partager des impressions. Émotions 59
Problèmes. Accidents 61
Problèmes de santé 64
À la pharmacie 67
Les essentiels 69

T&P Books Publishing

Les essentiels

Excusez-moi, ...	law samaḥt, ... لو سمحت، ...
Bonjour	as salāmu ʿalaykum السلام عليكم
Merci	ʃukran شكرا
Au revoir	maʿ as salāma مع السلامة
Oui	naʿam نعم
Non	la لا
Je ne sais pas.	la aʿrif لا أعرف
Où? | Où? | Quand?	ayna? | ila ayna? | mata? أين؟ | إلى أين؟ | متى؟

J'ai besoin de ...	ana aḥtāʒ ila ... أنا أحتاج إلى...
Je veux ...	ana urīd ... أنا أريد ...
Avez-vous ... ?	hal ʿindak ...? هل عندك... ؟
Est-ce qu'il y a ... ici?	hal yūʒad huna ...? هل يوجد هنا ...؟
Puis-je ... ?	hal yumkinuni ...? هل يمكنني...؟
s'il vous plaît (pour une demande)	... min faḍlak ... من فضلك

Je cherche ...	abḥaθ ʿan ... أبحث عن ...
les toilettes	ḥammām حمام
un distributeur	mākīnat ṣarrāf ʾāliy ماكينة صراف آلي
une pharmacie	ṣaydaliyya صيدلية
l'hôpital	mustaʃfa مستشفى
le commissariat de police	qism aʃ ʃurṭa قسم شرطة
une station de métro	mitru al anfāq مترو الأنفاق

un taxi	taksi **تاكسي**
la gare	mahaṭṭat al qiṭār **محطة القطار**

Je m'appelle ...	ismi ... **إسمي...**
Comment vous appelez-vous?	ma smuka? **ما اسمك؟**
Aidez-moi, s'il vous plaît.	sāʿidni min faḍlak **ساعدني من فضلك**
J'ai un problème.	ʿindi muʃkila **عندي مشكلة**
Je ne me sens pas bien.	la aʃʿur bi χayr **لا أشعر بخير**
Appelez une ambulance!	ittaṣil bil isʿāf! **إتصل بالإسعاف!**
Puis-je faire un appel?	hal yumkinuni iʒrāʾ mukālama tilifūniyya? **هل يمكنني إجراء مكالمة هاتفية؟**

Excusez-moi.	ana ʾāṣif **أنا آسف**
Je vous en prie.	al ʿafw **العفو**

je, moi	ana **أنا**
tu, toi	anta **أنت**
il	huwa **هو**
elle	hiya **هي**
ils	hum **هم**
elles	hum **هم**
nous	naḥnu **نحن**
vous	antum **أنتم**
Vous	ḥaḍritak **حضرتك**

ENTRÉE	duχūl **دخول**
SORTIE	χurūʒ **خروج**
HORS SERVICE | EN PANNE	muʿaṭṭal **معطل**
FERMÉ	muɣlaq **مغلق**

OUVERT	maftūḥ مفتوح
POUR LES FEMMES	lis sayyidāt للسيدات
POUR LES HOMMES	lir riʒāl للرجال

Questions

Où? (lieu)	ayna? أين؟
Où? (direction)	ila ayna? إلى أين؟
D'où?	min ayna? من أين؟
Pourquoi?	limāða? لماذا؟
Pour quelle raison?	li ayy sabab? لأي سبب؟
Quand?	mata? متى؟
Combien de temps?	kam waqt? كم وقتا؟
À quelle heure?	fi ayy sā'a? في أي ساعة؟
C'est combien?	bikam? بكم؟
Avez-vous ... ?	hal 'indak ...? هل عندك ...؟
Où est ..., s'il vous plaît?	ayna ...? أين ...؟
Quelle heure est-il?	as sā'a kam? الساعة كم؟
Puis-je faire un appel?	hal yumkinuni iʒrā' mukālama tilifūniyya? هل يمكنني إجراء مكالمة هاتفية؟
Qui est là?	man hunāk? من هناك؟
Puis-je fumer ici?	hal yumkinuni at tadχīn huna? هل يمكنني التدخين هنا؟
Puis-je ...?	hal yumkinuni ...? هل يمكنني ...؟

Besoins

Je voudrais …	urīd an … أريد أن…
Je ne veux pas …	la urīd an … لا أريد أن…
J'ai soif.	ana ʿatʃān أنا عطشان
Je veux dormir.	urīd an anām أريد أن أنام
Je veux …	urīd an … أريد أن…
me laver	aɣtasil أغتسل
brosser mes dents	unazzif asnāni أنظف أسناني
me reposer un instant	astarīḥ qalīlan أستريح قليلا
changer de vêtements	uɣayyir malābisi أغير ملابسي
retourner à l'hôtel	arʒiʿ ilal funduq أرجع إلى الفندق
acheter …	aʃtari … أشتري …
aller à …	aðhab ila … أذهب إلى …
visiter …	azūr … أزور …
rencontrer …	uqābil … أقابل …
faire un appel	uʒri mukālama hātifiyya أجري مكالمة هاتفية
Je suis fatigué /fatiguée/	ana taʿibt أنا تعبت
Nous sommes fatigués /fatiguées/	naḥnu taʿibna نحن تعبنا
J'ai froid.	ana bardān أنا بردان
J'ai chaud.	ana ḥarrān أنا حران
Je suis bien.	ana bi xayr أنا بخير

Il me faut faire un appel.	ahtāʒ ila iʒrā' mukālama hātifiyya **أحتاج إلى إجراء مكالمة هاتفية**
J'ai besoin d'aller aux toilettes.	ahtāʒ ila hammām **أحتاج إلى حمام**
Il faut que j'aille.	yaʒib 'alayya an aðhab **يجب علي أن أذهب**
Je dois partir maintenant.	yaʒib 'alayya an aðhab al 'ān **يجب علي أن أذهب الآن**

Comment demander la direction

Excusez-moi, ...	law samaḥt, ... لو سمحت، ...
Où est ..., s'il vous plaît?	ayna ...? أين ...؟
Dans quelle direction est ... ?	ayna aṭ ṭarīq ila ...? أين الطريق إلى ...؟
Pouvez-vous m'aider, s'il vous plaît ?	hal yumkinak musā'adati, min faḍlak? هل يمكنك مساعدتي، من فضلك؟
Je cherche ...	abḥaθ 'an ... أبحث عن ...
La sortie, s'il vous plaît?	abḥaθ 'an ṭarīq al χurūʒ أبحث عن طريق الخروج
Je vais à ...	ana ðāhib ila... أنا ذاهب إلى...
C'est la bonne direction pour ...?	hal ana 'alaṭ ṭarīq as ṣaḥīḥ ila ...? هل أنا على الطريق الصحيح إلى... ؟
C'est loin?	hal huwa ba'īd? هل هو بعيد؟
Est-ce que je peux y aller à pied?	hal yumkinuni an aṣil ila hunāk māʃiyan? هل يمكنني أن أصل إلى هناك ماشيا؟
Pouvez-vous me le montrer sur la carte?	arīni 'alal χarīṭa min faḍlak أريني على الخريطة من فضلك
Montrez-moi où sommes-nous, s'il vous plaît.	arīni naḥnu ayna al 'ān أريني أين نحن الآن
Ici	huna هنا
Là-bas	hunāk هناك
Par ici	min huna من هنا
Tournez à droite.	in'aṭif yamīnan إنعطف يمينا
Tournez à gauche.	in'aṭif yasāran إنعطف يسارا
Prenez la première (deuxième, troisième) rue.	awwal (θāni, θāliθ) ʃāri' أول (ثاني، ثالث) شارع

à droite	ilal yamīn **إلى اليمين**
à gauche	ilal yasār **إلى اليسار**
Continuez tout droit.	iðhab ilal amām mubāʃaratan **إذهب إلى أمام مباشرة**

Affiches, Pancartes

BIENVENUE!	marḥaban **مرحبا**
ENTRÉE	duχūl **دخول**
SORTIE	χurūʒ **خروج**
POUSSEZ	idfa' **إدفع**
TIREZ	isḥab **إسحب**
OUVERT	maftūḥ **مفتوح**
FERMÉ	muɣlaq **مغلق**
POUR LES FEMMES	lis sayyidāt **للسيدات**
POUR LES HOMMES	lir riʒāl **للرجال**
MESSIEURS (m)	ar riʒāl **الرجال**
FEMMES (f)	as sayyidāt **السيدات**
RABAIS | SOLDES	taχfīḍāt **تخفيضات**
PROMOTION	'ūkazyūn **أوكازيون**
GRATUIT	maʒʒānan **مجانا**
NOUVEAU!	ʒadīd! **جديد!**
ATTENTION!	intabih! **إنتبه!**
COMPLET	la tūʒad ɣuraf χāliya **لا توجد غرف خالية**
RÉSERVÉ	maḥʒūz **محجوز**
ADMINISTRATION	al idāra **الإدارة**
PERSONNEL SEULEMENT	lil 'āmilīn faqaṭ **للعاملين فقط**

ATTENTION AU CHIEN!	iḥtaris min al kalb! إحترس من الكلب!
NE PAS FUMER!	mamnū' at tadχīn! ممنوع التدخين!
NE PAS TOUCHER!	mamnū' al lams! ممنوع اللمس!
DANGEREUX	χaṭīr خطير
DANGER	χaṭar خطر
HAUTE TENSION	ʒuhd 'āli جهد عالي
BAIGNADE INTERDITE!	mamnū' as sibāḥa! ممنوع السباحة!

HORS SERVICE | EN PANNE	mu'aṭṭal معطل
INFLAMMABLE	qābil lil iʃti'āl قابل للإشتعال
INTERDIT	mamnū' ممنوع
ENTRÉE INTERDITE!	mamnū' at ta'addi! ممنوع التعدي!
PEINTURE FRAÎCHE	ṭilā' ḥadīθ طلاء حديث

FERMÉ POUR TRAVAUX	muɣlaq lit taʒdīdāt مغلق للتجديدات
TRAVAUX EN COURS	amāmak a'māl fiṭ ṭarīq أمامك أعمال طرق
DÉVIATION	taḥwīla تحويلة

Transport - Phrases générales

avion	ṭā'ira طائرة
train	qiṭār قطار
bus, autobus	ḥāfila حافلة
ferry	safīna سفينة
taxi	taksi تاكسي
voiture	sayyāra سيارة
horaire	ʒadwal جدول
Où puis-je voir l'horaire?	ayna yumkinuni an ara al ʒadwal? أين يمكنني أن أرى الجدول؟
jours ouvrables	ayyām al usbū' أيام الأسبوع
jours non ouvrables	nihāyat al usbū' نهاية الأسبوع
jours fériés	ayyām al 'uṭla ar rasmiyya أيام العطلة الرسمية
DÉPART	al muɣādara المغادرة
ARRIVÉE	al wuṣūl الوصول
RETARDÉE	muta'aχχira متأخرة
ANNULÉE	ulɣiyat ألغيت
prochain (train, etc.)	al qādim القادم
premier	al awwal الأول
dernier	al aχīr الأخير
À quelle heure est le prochain ...?	mata al ... al qādim? متى الـ ... القادم؟
À quelle heure est le premier ...?	mata awwal ...? متى أول ...؟

À quelle heure est le dernier ...?	mata 'āχir ...? **متى آخر ...؟**
correspondance	taɣyīr **تغيير**
prendre la correspondance	uɣạyyir **أغير**
Dois-je prendre la correspondance?	hal yaʒib 'alayya taɣyīr al ...? **هل يجب علي تغيير الـ...؟**

Acheter un billet

Où puis-je acheter des billets?	ayna yumkinuni ʃirā' tazākir? **أين يمكنني شراء التذاكر؟**
billet	taðkara **تذكرة**
acheter un billet	ʃirā' at taðkira **شراء تذكرة**
le prix d'un billet	si'r at taðkira **سعر التذكرة**
Pour aller où?	ila ayna? **إلى أين؟**
Quelle destination?	ila ayy maḥaṭṭa? **إلى أي محطة؟**
Je voudrais ...	ana urīd ... **أنا أريد ...**
un billet	taðkara wāḥida **تذكرة واحدة**
deux billets	taðkaratayn **تذكرتين**
trois billets	θalāθat taðākir **ثلاث تذاكر**
aller simple	ðahāb faqaṭ **ذهاب فقط**
aller-retour	ðahāban wa iyāban **ذهابا وإيابا**
première classe	ad daraʒa al ūla **الدرجة الأولى**
classe économique	ad daraʒa aθ θāniya **الدرجة الثانية**
aujourd'hui	al yawm **اليوم**
demain	ɣadan **غدا**
après-demain	ba'd ɣad **بعد غد**
dans la matinée	fiṣ ṣabāḥ **في الصباح**
l'après-midi	ba'd aẓ ẓuhr **بعد الظهر**
dans la soirée	fil masā' **في المساء**

siège côté couloir	maqʿad bi ʒānib al mamarr **مقعد بجانب الممر**
siège côté fenêtre	maqʿad bi ʒānib an nāfiða **مقعد بجانب النافذة**
C'est combien?	bikam? **بكم؟**
Puis-je payer avec la carte?	hal yumkinuni an adfaʿ bi biṭāqat iʾtimān? **هل يمكنني أن أدفع ببطاقة إئتمان؟**

L'autobus

bus, autobus	ḥāfila حافلة
autocar	ḥāfila bayn al mudun حافلة بين المدن
arrêt d'autobus	maḥaṭṭat al ḥāfilāt محطة الحافلات
Où est l'arrêt d'autobus le plus proche?	ayna aqrab maḥaṭṭat al ḥāfilāt? أين أقرب محطة الحافلات؟
numéro	raqm رقم
Quel bus dois-je prendre pour aller à ...?	ayy ḥāfila ta'χuðuni ila ...? أي حافلة تأخذني إلى...؟
Est-ce que ce bus va à ...?	hal taðhab haðihil ḥāfila ila ...? هل تذهب هذه الحافلة إلى...؟
L'autobus passe tous les combien?	kam marra taðhab al hāfilāt? كم مرة تذهب الحافلات؟
chaque quart d'heure	kull χams 'aʃara daqīqa كل 15 دقيقة
chaque demi-heure	kull niṣf sā'a كل نصف ساعة
chaque heure	kull sā'a كل ساعة
plusieurs fois par jour	'iddat marrāt fil yawm عدة مرات في اليوم
... fois par jour	... marrāt fil yawm مرات في اليوم ...
horaire	ʒadwal جدول
Où puis-je voir l'horaire?	ayna yumkinuni an ara al ʒadwal? أين يمكنني أن أرى الجدول؟
À quelle heure passe le prochain bus?	mata al ḥāfila al qādima? متى الحافلة القادمة؟
À quelle heure passe le premier bus?	mata awwal ḥāfila? متى أول حافلة؟
À quelle heure passe le dernier bus?	mata 'āχir ḥāfila? متى آخر حافلة؟
arrêt	maḥaṭṭa محطة
prochain arrêt	al maḥaṭṭa al qādima المحطة القادمة

terminus	āχir maḥaṭṭa آخر محطة
Pouvez-vous arrêter ici, s'il vous plaît.	qif huna min faḍlak قف هنا من فضلك
Excusez-moi, c'est mon arrêt.	law samaḥt, haðihi maḥaṭṭati لو سمحت، هذه محطتي

Train

train	qiṭār قطار
train de banlieue	qiṭār aḍ ḍawāḥi قطار الضواحي
train de grande ligne	qiṭār al masāfāt at ṭawīla قطار المسافات الطويلة
la gare	maḥaṭṭat al qiṭārāt محطة القطارات
Excusez-moi, où est la sortie vers les quais?	law samaḥt, ayna aṭ ṭarīq ilar raṣīf لو سمحت، أين الطريق إلى الرصيف؟
Est-ce que ce train va à ...?	ha yatawaʒʒah haðal qiṭār ila ...? هل يتوجه هذا القطار إلى...؟
le prochain train	al qiṭār al qādim القطار القادم
À quelle heure est le prochain train?	mata al qiṭār al qādim? متى القطار القادم؟
Où puis-je voir l'horaire?	ayna yumkinuni an ara al ʒadwal? أين يمكنني أن أرى الجدول؟
De quel quai?	min ayy raṣīf? من أي رصيف؟
À quelle heure arrive le train à ...?	mata yaṣil al qiṭār ila ...? متى يصل القطار إلى... ؟
Pouvez-vous m'aider, s'il vous plaît?	sāʿidni min faḍlak ساعدني من فضلك
Je cherche ma place.	ana abḥaθ ʿan maqʿadi أنا أبحث عن مقعدي
Nous cherchons nos places.	naḥnu nabḥaθ ʿan maqāʿidina نحن نبحث عن مقاعدنا
Ma place est occupée.	maqʿadi maʃɣūl مقعدي مشغول
Nos places sont occupées.	maqāʿiduna maʃɣūla مقاعدنا مشغولة
Excusez-moi, mais c'est ma place.	ana ʾāsif lakin haða maqʿadi أنا آسف، ولكن هذا مقعدي
Est-ce que cette place est libre?	hal haðal maqʿad maḥʒūz? هل هذا المقعد محجوز؟
Puis-je m'asseoir ici?	hal yumkinuni an aqʿud huna? هل يمكنني أن أقعد هنا؟

Sur le train - Dialogue (Pas de billet)

Votre billet, s'il vous plaît.	taðākir min faḍlak تذاكر من فضلك
Je n'ai pas de billet.	laysat ʻindi taðkira ليست عندي تذكرة
J'ai perdu mon billet.	taðkarati ḍāʻat تذكرتي ضاعت
J'ai oublié mon billet à la maison.	nasīt taðkirati fil bayt نسيت تذكرتي في البيت
Vous pouvez m'acheter un billet.	yumkinak an taʃtari minni taðkira يمكنك أن تشتري مني تذكرة
Vous devrez aussi payer une amende.	kama yaʒib ʻalayk an tadfaʻ ɣarāma كما يجب عليك أن تدفع غرامة
D'accord.	ḥasanan حسنا
Où allez-vous?	ila ayna taðhab? إلى أين تذهب؟
Je vais à …	aðhab ila … أذهب إلى …
Combien? Je ne comprend pas.	bikam? ana la afham بكم؟ أنا لا أفهم
Pouvez-vous l'écrire, s'il vous plaît.	uktubha min faḍlak إكتبها من فضلك
D'accord. Puis-je payer avec la carte?	ḥasanan. hal yumkinuni an adfaʻ bi bitāqat iʾtimān? حسنا. هل يمكنني أن أدفع ببطاقة إئتمان؟
Oui, bien sûr.	naʻam yumkinuk نعم يمكنك
Voici votre reçu.	tafaḍḍal al ʾīṣāl تفضل الإيصال
Désolé pour l'amende.	ʾāsif bi χuṣūṣ al ɣarāma أنا آسف بخصوص الغرامة
Ça va. C'est de ma faute.	laysa hunāk ayy muʃkila. haðihi ɣalṭati ليس هناك أي مشكلة. هذه غلطتي
Bon voyage.	istamtaʻ bi riḥlatak إستمتع برحلتك

Taxi

taxi	taksi **تاكسي**
chauffeur de taxi	sā'iq at taksi **سائق التاكسي**
prendre un taxi	'āχuð taksi **أخذ تاكسي**
arrêt de taxi	mawqif taksi **موقف تاكسي**
Où puis-je trouver un taxi?	ayna yumkinuni an 'āχuð taksi? **أين يمكنني أن آخذ تاكسي؟**
appeler un taxi	ṭalab taksi **طلب تاكسي**
Il me faut un taxi.	aḥtāʒ ila taksi **أحتاج إلى تاكسي**
maintenant	al 'ān **الآن**
Quelle est votre adresse?	ma huwa ʿunwānak? **ما هو عنوانك؟**
Mon adresse est …	ʿunwāni fi … **عنواني في …**
Votre destination?	ila ayna taðhab? **إلى أين تذهب؟**

Excusez-moi, …	law samaḥt, … **لو سمحت، …**
Vous êtes libre ?	hal anta fāḍy? **هل أنت فاضي؟**
Combien ça coûte pour aller à …?	kam adfaʿ li aṣil ila …? **كم أدفع لأصل إلى…؟**
Vous savez où ça se trouve?	hal taʿrif ayna hiya? **هل تعرف أين هي؟**

À l'aéroport, s'il vous plaît.	ilal maṭār min faḍlak **إلى المطار من فضلك**
Arrêtez ici, s'il vous plaît.	qif huna min faḍlak **قف هنا، من فضلك**
Ce n'est pas ici.	innaha laysat huna **إنها ليست هنا**
C'est la mauvaise adresse.	al ʿunwān χāṭi' **العنوان خاطئ**
tournez à gauche	inʿaṭif ilal yasār **إنعطف إلى اليسار**
tournez à droite	inʿaṭif ilal yamīn **إنعطف إلى اليمين**

Combien je vous dois?	kam ana mudīn lak? **كم أنا مدين لك؟**
J'aimerais avoir un reçu, s'il vous plaît.	a'ṭini 'īṣāl min faḍlak. **أعطني إيصالا، من فضلك.**
Gardez la monnaie.	iḥtafiẓ bil bāqi **إحتفظ بالباقي**

Attendez-moi, s'il vous plaît ...	intaẓirni min faḍlak **إنتظرني من فضلك**
cinq minutes	χams daqā'iq **خمس دقائق**
dix minutes	'aʃar daqā'iq **عشر دقائق**
quinze minutes	rub' sā'a **ربع ساعة**
vingt minutes	θulθ sā'a **ثلث ساعة**
une demi-heure	niṣf sā'a **نصف ساعة**

Hôtel

Bonjour.	as salāmu ʻalaykum **السلام عليكم**
Je m'appelle …	ismi … **إسمي …**
J'ai réservé une chambre.	ʻindi ḥaʒz **لدي حجز**
Je voudrais …	urīd … **أريد …**
une chambre simple	ɣurfa li ʃaχṣ wāḥid **غرفة لشخص واحد**
une chambre double	ɣurfa li ʃaχṣayn **غرفة لشخصين**
C'est combien?	kam siʻruha? **كم سعرها؟**
C'est un peu cher.	hiya ɣāliya **هي غالية**
Avez-vous autre chose?	hal ʻindak χiyārāt uχra? **هل عندك خيارات أخرى؟**
Je vais la prendre.	āχuðuha **آخذها**
Je vais payer comptant.	adfaʻ naqdan **أدفع نقدا**
J'ai un problème.	ʻindi muʃkila **عندي مشكلة**
Mon … est cassé /Ma … est cassée/	… muʻaṭṭal **… معطل**
Mon /Ma/ … ne fonctionne pas.	… muʻaṭṭal /muʻaṭṭala/ **/معطل/ معطلة…**
télé	at tilivizyūn **التليفزيون**
air conditionné	at takyīf **التكييف**
robinet	al ḥanafiyya **الحنفية**
douche	ad duʃ **الدوش**
évier	al ḥawḍ **الحوض**
coffre-fort	al χazīna **الخزينة**

serrure de porte	qifl al bāb **قفل الباب**
prise électrique	maχraʒ al kahrabā' **مخرج الكهرباء**
sèche-cheveux	muʒaffif aʃ ʃa'r **مجفف الشعر**

Je n'ai pas …	laysa ladayya ... **ليس لدي …**
d'eau	mā' **ماء**
de lumière	nūr **نور**
d'électricité	kahrabā' **كهرباء**

Pouvez-vous me donner …?	hal yumkinak an ta'ṭīni …? **هل يمكنك أن تعطيني …؟**
une serviette	fūṭa **فوطة**
une couverture	baṭṭāniyya **بطانية**
des pantoufles	ʃabāʃib **شباشب**
une robe de chambre	rūb **روب**
du shampoing	ʃambu **شامبو**
du savon	ṣābūn **صابون**

Je voudrais changer ma chambre.	urīd an uɣayyir al ɣurfa **أريد أن أغير الغرفة**
Je ne trouve pas ma clé.	la astaṭī' an aʒid miftāḥi **لا أستطيع أن أجد مفتاحي**
Pourriez-vous ouvrir ma chambre, s'il vous plaît?	iftaḥ ɣurfati min faḍlak **إفتح غرفتي من فضلك**
Qui est là?	man hunāk? **من هناك؟**
Entrez!	tafaḍḍal! **تفضل!**
Une minute!	daqīqa wāḥida! **دقيقة واحدة!**
Pas maintenant, s'il vous plaît.	laysa al 'ān min faḍlak **ليس الآن من فضلك**

Pouvez-vous venir à ma chambre, s'il vous plaît.	ta'āla ila ɣurfati law samaḥt **تعال إلى غرفتي لو سمحت**
J'aimerais avoir le service d'étage.	urīd an yuḥḍar aṭ ṭa'ām ila ɣurfati **أريد أن يحضر الطعام إلى غرفتي**
Mon numéro de chambre est le …	raqm gurfati huwa … **رقم غرفتي هو …**

Je pars ...	uɣādir ... **أغادر ...**
Nous partons ...	nuɣādir ... **نغادر ...**
maintenant	al 'ān **الآن**
cet après-midi	ba'd aẓ ẓuhr **بعد الظهر**
ce soir	masā' al yawm **مساء اليوم**
demain	ɣadan **غداً**
demain matin	ṣabāḥ al ɣad **صباح الغد**
demain après-midi	masā' al ɣad **مساء الغد**
après-demain	ba'd ɣad **بعد غد**

Je voudrais régler mon compte.	urīd an adfa' **أريد أن أدفع**
Tout était merveilleux.	kull ʃay' kān rā'i' **كل شيء كان رائعا**
Où puis-je trouver un taxi?	ayna yumkinuni an 'āχuð taksi? **أين يمكنني أن آخذ تاكسي؟**
Pourriez-vous m'appeler un taxi, s'il vous plaît?	hal yumkinak an taṭlub li taksi law samaḥt? **هل يمكنك أن تطلب لي تاكسي لو سمحت؟**

Restaurant

Puis-je voir le menu, s'il vous plaît?	hal yumkinuni an ara qā'imat aṭ ṭa'ām min faḍlak? **هل يمكنني أن أرى قائمة الطعام من فضلك؟**
Une table pour une personne.	mā'ida li ʃaχṣ wāḥid **مائدة لشخص واحد**
Nous sommes deux (trois, quatre).	naḥnu iθnān (θalāθa, arba'a) **نحن إثنان (ثلاثة، أربعة)**
Fumeurs	lil mudaχχinīn **للمدخنين**
Non-fumeurs	li ɣayr al mudaχχinīn **لغير المدخنين**
S'il vous plaît!	law samaḥt **لو سمحت**
menu	qā'imat aṭ ṭa'ām **قائمة الطعام**
carte des vins	qā'imat an nabīð **قائمة النبيذ**
Le menu, s'il vous plaît.	al qā'ima, law samaḥt **القائمة، لو سمحت**
Êtes-vous prêts à commander?	hal anta musta'idd liṭ ṭalab? **هل أنت مستعد للطلب؟**
Qu'allez-vous prendre?	māḏa tā'χuð? **ماذا تأخذ؟**
Je vais prendre ...	ana 'āhχuð ... **أنا آخذ ...**
Je suis végétarien.	ana nabātiy **أنا نباتي**
viande	laḥm **لحم**
poisson	samak **سمك**
légumes	χuḍār **خضار**
Avez-vous des plats végétariens?	hal 'indak aṭbāq nabātiyya? **هل عندك أطباق نباتية؟**
Je ne mange pas de porc.	la 'ākul al χinzīr **لا آكل لحم الخنزير**
Il /elle/ ne mange pas de viande.	huwa la ya'kul /hiya la ta'kul / al laḥm **هو لا يأكل /هي لا تأكل/ اللحم**
Je suis allergique à ...	'indi ḥassāsiyya ḍidda ... **عندي حساسية ضد ...**

Pourriez-vous m'apporter …, s'il vous plaît.	ahḍir li … min faḍlak أحضر لي... من فضلك
le sel | le poivre | du sucre	milḥ | filfil | sukkar سكر ا فلفل ا ملح
un café | un thé | un dessert	qahwa | ʃāy | ḥalwa حلوى ا شاي ا قهوة
de l'eau | gazeuse | plate	miyāh | ɣāziyya | bidūn ɣāz بدون غاز ا غازية ا مياه
une cuillère | une fourchette | un couteau	milʿaqa | ʃawka | sikkīn سكين ا شوكة ا ملعقة
une assiette | une serviette	ṭabaq | fūṭa فوطة اطبق

Bon appétit!	bil hināʾ waʃ ʃifāʾ بالهناء والشفاء
Un de plus, s'il vous plaît.	wāḥida kamān law samaḥt واحدة كمان من فضلك
C'était délicieux.	kānat laðīða giddan كانت لذيذة جدا

l'addition | de la monnaie | le pourboire	ḥisāb | fakka | baqʃīʃ بقشيشا فكةا حساب
L'addition, s'il vous plaît.	ahḍir li al ḥisāb min faḍlak? أحضر لي الحساب من فضلك
Puis-je payer avec la carte?	hal yumkinuni an adfaʿ bi biṭāqat iʾtimān? هل يمكنني أن أدفع ببطاقة إئتمان؟
Excusez-moi, je crois qu'il y a une erreur ici.	ana ʾāsif, hunāk χaṭaʾ أنا آسف، هناك خطأ

Shopping. Faire les Magasins

Est-ce que je peux vous aider?	momken yusā'idak? هل أستطيع أن أساعدك؟
Avez-vous ... ?	hal 'indak ...? هل عندك ...؟
Je cherche ...	ana abḥaθ 'an ... أنا أبحث عن ...
Il me faut ...	urīd ... أريد ...
Je regarde seulement, merci.	ana faqat anẓur أنا فقط أنظر
Nous regardons seulement, merci.	naḥnu faqat nanẓur نحن فقط ننظر
Je reviendrai plus tard.	sa'a'ūd lāḥiqan سأعود لاحقا
On reviendra plus tard.	sana'ūd lāḥiqan سنعود لاحقا
Rabais | Soldes	taχfīḍāt | 'ūkazyūn أوكازيون | تخفيضات
Montrez-moi, s'il vous plaît ...	arīni ... min faḍlak أريني ... من فضلك
Donnez-moi, s'il vous plaît ...	a'ṭini ... min faḍlak أعطني ... من فضلك
Est-ce que je peux l'essayer?	hal yumkin an uʒarribahu? هل يمكن أن أجربه؟
Excusez-moi, où est la cabine d'essayage?	law samaḥt, ayna ɣurfat al qiyās? لو سمحت، أين غرفة القياس؟
Quelle couleur aimeriez-vous?	ayy lawn turīd? أي لون تريد؟
taille | longueur	maqās | ṭūl طول | مقاس
Est-ce que la taille convient ?	hal yunāsibak? هل يناسبك؟
Combien ça coûte?	bikam? بكم؟
C'est trop cher.	haða ɣāli ʒiddan هذا غال جدا
Je vais le prendre.	aʃtarīhi أشتريه
Excusez-moi, où est la caisse?	ayna yumkinuni an adfa' law samaḥt? أين يمكنني أن أدفع لو سمحت؟

Payerez-vous comptant ou par carte de crédit?	hal tadfaʿ naqdan aw bi biṭāqat iʾtimān? هل تدفع نقدا أو ببطاقة إئتمان؟
Comptant | par carte de crédit	naqdan | bi biṭāqat iʾtimān ببطاقة إئتمان ا نقدا

Voulez-vous un reçu?	hal turīd ʾīṣāl? هل تريد إيصالا؟
Oui, s'il vous plaît.	naʿam, min faḍlak نعم، من فضلك
Non, ce n'est pas nécessaire.	la, laysa hunāk ayy moʃkila لا، ليس هناك أي مشكلة
Merci. Bonne journée!	ʃukran. yawmak saʿīd شكرا. يومك سعيد

En ville

Excusez-moi, ...	law samaḥt لو سمحت
Je cherche ...	ana abḥaθ ʿan ... أنا أبحث عن ...
le métro	mitru al anfāq مترو الأنفاق
mon hôtel	funduqi فندقي
le cinéma	as sinima السينما
un arrêt de taxi	mawqif taksi موقف تاكسي
un distributeur	mākīnat ṣarrāf ʾāliy ماكينة صراف آلي
un bureau de change	maktab ṣarrāfa مكتب صرافة
un café internet	maqha intirnit مقهى انترنت
la rue ...	ʃāriʿ... شارع ...
cette place-ci	haðal makān هذا المكان
Savez-vous où se trouve ...?	hal taʿrif ayna ...? هل تعرف أين ...؟
Quelle est cette rue?	ma ism haðaʃ ʃāriʿ? ما أسم هذا الشارع؟
Montrez-moi où sommes-nous, s'il vous plaît.	arīni naḥnu ayna al ʾān? أريني أين نحن الآن؟
Est-ce que je peux y aller à pied?	hal yumkinuni an aṣil ila hunāk māʃiyan? هل يمكنني أن أصل إلى هناك ماشيا؟
Avez-vous une carte de la ville?	hal ʿindak χarīṭa lil madīna? هل عندك خريطة للمدينة؟
C'est combien pour un ticket?	bikam taðkarat ad duχūl? بكم تذكرة الدخول؟
Est-ce que je peux faire des photos?	hal yumkinuni at taṣwīr huna? هل يمكنني التصوير هنا؟
Êtes-vous ouvert?	hal ... maftūḥ? هل ... مفتوح؟

À quelle heure ouvrez-vous?	mata taftaḥūn? **متى تفتحون؟**
À quelle heure fermez-vous?	mata tuɣliqūn? **متى تغلقون؟**

L'argent

argent	nuqūd نقود
argent liquide	naqd نقد
des billets	'umla waraqiyya عملة ورقية
petite monnaie	fakka فكة
l'addition | de la monnaie | le pourboire	ḥisāb | fakka | baqʃiʃ بقشيش| فكة| حساب
carte de crédit	bitāqat i'timān بطاقة إئتمان
portefeuille	maḥfaẓat nuqūd محفظة نقود
acheter	ʃirā' شراء
payer	daf' دفع
amende	ɣarāma غرامة
gratuit	maʒʒānan مجانا
Où puis-je acheter ... ?	ayna yumkinuni ʃirā' ...? أين يمكنني شراء ...؟
Est-ce que la banque est ouverte en ce moment?	hal al bank maftūḥ al 'ān? هل البنك مفتوح الآن؟
À quelle heure ouvre-t-elle?	mata taftaḥ? متى يفتح؟
À quelle heure ferme-t-elle?	mata yuɣliq? متى يغلق؟
C'est combien?	bikam? بكم؟
Combien ça coûte?	bikam haða? بكم هذا؟
C'est trop cher.	haða ɣāli ʒiddan هذا غال جدا
Excusez-moi, où est la caisse?	ayna yumkinuni an adfa' law samaḥt? أين يمكنني أن أدفع لو سمحت؟
L'addition, s'il vous plaît.	al ḥisāb min faḍlak الحساب من فضلك

Puis-je payer avec la carte?	hal yumkinuni an adfa' bi biṭāqat i'timān? **هل يمكنني أن أدفع ببطاقة إئتمان؟**
Est-ce qu'il y a un distributeur ici?	hal tūʒad huna mākīnat ṣarrāf 'āliy? **هل توجد هنا ماكينة صراف آلي؟**
Je cherche un distributeur.	ana abḥaθ 'an mākīnat ṣarrāf 'āliy **أنا أبحث عن ماكينة صراف آلي**

Je cherche un bureau de change.	ana abḥaθ 'an maktab ṣarrāfa **أنا أبحث عن مكتب صرافة**
Je voudrais changer ...	urīd taɣyīr ... **أريد تغيير ...**
Quel est le taux de change?	kam si'r al 'umla? **كم سعر العملة؟**
Avez-vous besoin de mon passeport?	hal taḥtāʒ ila ʒawāz safari? **هل تحتاج إلى جواز سفري؟**

Le temps

Quelle heure est-il?	as sāʿa kam? الساعة كم؟
Quand?	mata? متى؟
À quelle heure?	fi ayy sāʿa? في أي ساعة؟
maintenant | plus tard | après ...	al ʾān | fi waqt lāḥiq | baʿd ... بعد ... | في وقت لاحق | الآن
une heure	as sāʿa al wāḥida الساعة الواحدة
une heure et quart	as sāʿa al wāḥida wa ar rubʿ الساعة الواحدة والربع
une heure et demie	as sāʿa al wāḥida wa an niṣf الساعة الواحدة والنصف
deux heures moins quart	as sāʿa aθ θāniya illa rubʿ الساعة الثانية إلا ربعا
un | deux | trois	al wāḥida | aθ θāniya | aθ θāliθa الثالثة | الثانية | الواحدة
quatre | cinq | six	ar rābiʿa | al χāmisa | as sādisa السادسة | الخامسة | الرابعة
sept | huit | neuf	as sābiʿa | aθ θāmina | at tāsiʿa التاسعة | الثامنة | السابعة
dix | onze | douze	al ʿāʃira | al ḥādiya ʿaʃara | aθ θāniya ʿaʃara الثانية عشرة | الحادية عشرة | العاشرة
dans ...	baʿd ... بعد ...
cinq minutes	χams daqāʾiq خمس دقائق
dix minutes	ʿaʃar daqāʾiq عشر دقائق
quinze minutes	rubʿ sāʿa ربع ساعة
vingt minutes	θulθ sāʿa ثلث ساعة
une demi-heure	niṣf sāʿa نصف ساعة
une heure	sāʿa ساعة

dans la matinée	fiṣ ṣabāḥ **في الصباح**
tôt le matin	fiṣ ṣabāḥ al bākir **في الصباح الباكر**
ce matin	ṣabāḥ al yawm **صباح اليوم**
demain matin	ṣabāḥ al ɣad **صباح الغد**

à midi	fi muntaṣif an nahār **في منتصف النهار**
dans l'après-midi	ba'd aẓ ẓuhr **بعد الظهر**
dans la soirée	fil masā' **في المساء**
ce soir	masā' al yawm **مساء اليوم**

la nuit	bil layl **بالليل**
hier	amṣ **أمس**
aujourd'hui	al yawm **اليوم**
demain	ɣadan **غدا**
après-demain	ba'd ɣad **بعد غد**

Quel jour sommes-nous aujourd'hui?	fi ayy yawm naḥnu? **في أي يوم نحن؟**
Nous sommes …	naḥnu fi … **نحن في …**
lundi	al iθnayn **الإثنين**
mardi	aθ θulāθā' **الثلاثاء**
mercredi	al 'arbi'ā' **الأربعاء**

jeudi	al χamīs **الخميس**
vendredi	al ʒum'a **الجمعة**
samedi	as sabt **السبت**
dimanche	al aḥad **الأحد**

Salutations - Introductions

Bonjour.	as salāmu ʻalaykum السلام عليكم
Enchanté /Enchantée/	ana saʻīd ʒiddan bi liqāʼik أنا سعيد جدا بلقائك
Moi aussi.	ana asʻad أنا أسعد
Je voudrais vous présenter ...	awudd an uʻarrifak bi ... أود أن أعرفك بـ ...
Ravi /Ravie/ de vous rencontrer.	furṣa saʻīda فرصة سعيدة
Comment allez-vous?	kayf ḥālak? كيف حالك؟
Je m'appelle ...	ismi ... أسمي ...
Il s'appelle ...	ismuhu ... إسمه ...
Elle s'appelle ...	ismuha ... إسمها ...
Comment vous appelez-vous?	ma smuka? ما اسمك؟
Quel est son nom?	ma smuhu? ما اسمه؟
Quel est son nom?	ma smuha? ما اسمها؟
Quel est votre nom de famille?	ma huwa ism ʻāʼilatak? ما هو إسم عائلتك؟
Vous pouvez m'appeler ...	yumkinak an tunādīni bi... يمكنك أن تناديني بـ...
D'où êtes-vous?	min ayna anta? من أين أنت؟
Je suis de ...	ana min ... أنا من ...
Qu'est-ce que vous faites dans la vie?	māða taʻmal? ماذا تعمل؟
Qui est-ce?	man haða من هذا؟
Qui est-il?	man huwa? من هو؟
Qui est-elle?	man hiya? من هي؟
Qui sont-ils?	man hum? من هم؟

C'est ...	haða huwa /haðihi hiya/ ... هذا هو /هذه هي... /
mon ami	ṣadīqi صديقي
mon amie	ṣadīqati صديقتي
mon mari	zawʒi زوجي
ma femme	zawʒati زوجتي

mon père	abi أبي
ma mère	ummi أمي
mon frère	aχi أخي
mon fils	ibni إبني
ma fille	ibnati إبنتي

C'est notre fils.	haða huwa ibnuna هذا هو ابننا
C'est notre fille.	haðihi hiya ibnatuna هذه هي ابنتنا
Ce sont mes enfants.	ha'ulā' awlādi هؤلاء أولادي
Ce sont nos enfants.	ha'ulā' awlāduna هؤلاء أولادنا

Les adieux

Au revoir!	as salāmu ʻalaykum السلام عليكم
Salut!	maʻ as salāma مع السلامة
À demain.	ilal liqāʼ ɣadan إلى اللقاء غدا
À bientôt.	ilal liqāʼ إلى اللقاء
On se revoit à sept heures.	ilal liqāʼ as sāʻa as sābiʻa إلى اللقاء الساعة السابعة
Amusez-vous bien!	atamanna laka waqtan ṭayyiban! أتمنى لكم وقتا طيبا!
On se voit plus tard.	ukallimuka lāḥiqan أكلمك لاحقا
Bonne fin de semaine.	ʻuṭlat usbūʻ saʻīda عطلة أسبوع سعيدة
Bonne nuit.	taṣbaḥ ʻala χayr تصبح على خير
Il est l'heure que je parte.	innahu waqt ðahābi إنه وقت ذهابي
Je dois m'en aller.	yaʒib ʻalayya an aðhab يجب علي أن أذهب
Je reviens tout de suite.	saʼaʻūd ḥālan سأعود حالا
Il est tard.	al waqt mutaʼaχχar الوقت متأخر
Je dois me lever tôt.	yaʒib ʻalayya an anhaḍ bākiran يجب علي أن أنهض باكرا
Je pars demain.	innani uɣādir ɣadan إنني أغادر غدا
Nous partons demain.	innana nuɣādir ɣadan إننا نغادر غدا
Bon voyage!	riḥla saʻīda! رحلة سعيدة!
Enchanté de faire votre connaissance.	furṣa saʻīda فرصة سعيدة
Heureux /Heureuse/ d'avoir parlé avec vous.	kān laṭīf at taḥadduθ maʻak كان لطيفا التحدث معك
Merci pour tout.	ʃukran ʻala kull ʃayʼ شكرا على كل شيء

Je me suis vraiment amusé /amusée/	qaḍayt waqt ʒayyidan **قضيت وقتا جيدا**
Nous nous sommes vraiment amusés /amusées/	qaḍayna waqt ʒayyidan **قضينا وقتا جيدا**
C'était vraiment plaisant.	kull ʃay' kān rā'i' **كل شيء كان رائعا**
Vous allez me manquer.	sa'aʃtāq ilayk **سأشتاق إليك**
Vous allez nous manquer.	sanaʃtāq ilayk **سنشتاق إليك**

Bonne chance!	bit tawfīq! ma' as salāma! **!مع السلامة !بالتوفيق**
Mes salutations à ...	taḥīyyāti li ... **...تحياتي لـ**

Une langue étrangère

Je ne comprends pas.	ana la afham **أنا لا أفهم**
Écrivez-le, s'il vous plaît.	uktubha min faḍlak **إكتبها من فضلك**
Parlez-vous ...?	hal tatakallam bi ...? **هل تتكلم بـ...؟**
Je parle un peu ...	atakallam bi ... qalīlan **أتكلم بـ ... قليلا**
anglais	al inʒlīziyya **الإنجليزية**
turc	at turkiyya **التركية**
arabe	al ʿarabiyya **العربية**
français	al faransiyya **الفرنسية**
allemand	al almāniyya **الألمانية**
italien	al iṭāliyya **الإيطالية**
espagnol	al isbāniyya **الإسبانية**
portugais	al burtuɣāliyya **البرتغالية**
chinois	aṣ ṣīniyya **الصينية**
japonais	al yabāniyya **اليابانية**
Pouvez-vous le répéter, s'il vous plaît.	hal yumkinuka tikrār min faḍlak? **هل يمكنك تكرار من فضلك؟**
Je comprends.	ana afham **انا أفهم**
Je ne comprends pas.	ana la afham **أنا لا أفهم**
Parlez plus lentement, s'il vous plaît.	takallam bi buṭʾ akθar min faḍlak **تكلم ببطء أكثر من فضلك**
Est-ce que c'est correct?	hal haða ṣaḥīḥ? **هل هذا صحيح؟**
Qu'est-ce que c'est?	māða yaʿni? **ماذا يعني؟**

Les excuses

Excusez-moi, s'il vous plaît.	la tu'āχiðni min faḍlak لا تؤاخذني من فضلك
Je suis désolé /désolée/	ana 'āṣif أنا آسف
Je suis vraiment /désolée/	ana 'āsif ʒiddan أنا آسف جدا
Désolé /Désolée/, c'est ma faute.	ana 'āsif innaha ɣalṭati أنا آسف، إنها غلطتي
Au temps pour moi.	χaṭa'i خطئي

Puis-je ... ?	hal yumkinuni ...? هل يمكنني ...؟
Ça vous dérange si je ...?	hal tumāni' law ...? هل تمانع لو ...؟
Ce n'est pas grave.	laysa hunāk ayy muʃkila ليس هناك أي مشكلة
Ça va.	kull ʃay' 'ala ma yurām كل شيء على ما يرام
Ne vous inquiétez pas.	la taqlaq لا تقلق

Les accords

Oui	na'am نعم
Oui, bien sûr.	aʒl أجل
Bien.	ḥasanan حسنا
Très bien.	ʒayyid ʒiddan جيد جدا
Bien sûr!	bit ta'kīd! بالتأكيد!
Je suis d'accord.	ana muwāfiq أنا موافق

C'est correct.	haða ṣaḥīḥ هذا صحيح
C'est exact.	haða ṣaḥīḥ هذا صحيح
Vous avez raison.	kalāmak ṣaḥīḥ كلامك صحيح
Je ne suis pas contre.	ana la umāni' أنا لا أمانع
Tout à fait correct.	anta muḥiqq tamāman أنت محق تماما

C'est possible.	innahu min al mumkin إنه من الممكن
C'est une bonne idée.	innaha fikra ʒayyida إنها فكرة جيدة
Je ne peux pas dire non.	la astaṭī' an aqūl la لا أستطيع أن أقول لا
J'en serai ravi /ravie/	sa'akūn sa'īdan سأكون سعيدا
Avec plaisir.	bi kull surūr بكل سرور

Refus, exprimer le doute

Non	la لا
Absolument pas.	tab'an la طبعا لا
Je ne suis pas d'accord.	lastu muwāfiq لست موافقا
Je ne le crois pas.	la azunn ðalika لا أظن ذلك
Ce n'est pas vrai.	laysa haða ṣaḥīḥ ليس هذا صحيحا
Vous avez tort.	axṭa'ta أخطأت
Je pense que vous avez tort.	azunn annaka axṭa't أظن أنك أخطأت
Je ne suis pas sûr /sûre/	lastu muta'akkid لست متأكدا
C'est impossible.	haða mustaḥīl هذا مستحيل
Pas du tout!	la ʃay' min haðan naw' لا شيء من هذا النوع
Au contraire!	al 'aks tamāman العكس تماما
Je suis contre.	ana ḍidda ðalika أنا ضد ذلك
Ça m'est égal.	la yuhimmuni ðalika لا يهمني ذلك
Je n'ai aucune idée.	laysa ladayya ayy fikra ليس لدي أي فكرة
Je doute que cela soit ainsi.	aʃukk fe ðalik أشك في ذلك
Désolé /Désolée/, je ne peux pas.	'āsif la astaṭī' آسف، لا أستطيع
Désolé /Désolée/, je ne veux pas.	'āsif la urīd ðalika آسف، لا أريد ذلك
Merci, mais ça ne m'intéresse pas.	ʃukran, wa lakinnani la aḥtāʒ ila ðalika شكرا، ولكنني لا أحتاج إلى ذلك
Il se fait tard.	al waqt muta'axxar الوقت متأخر

Je dois me lever tôt.	yaʒib 'alayya an anhaḍ bākiran **يجب علي أن أنهض باكراً**
Je ne me sens pas bien.	la aʃ'ur bi χayr **لا أشعر بخير**

Exprimer la gratitude

Merci.	ʃukran شكرا
Merci beaucoup.	ʃukran ʒazīlan شكرا جزيلا
Je l'apprécie beaucoup.	ana uqaddir ðalika ḥaqqan أنا أقدر ذلك حقا
Je vous suis très reconnaissant.	ana mumtann lak ʒiddan أنا ممتن لك جدا
Nous vous sommes très reconnaissant.	naḥnu mumtannīn lak ʒiddan نحن ممتنون لك جدا
Merci pour votre temps.	ʃukran ʿala waqtak شكرا على وقتك
Merci pour tout.	ʃukran ʿala kull ʃayʾ شكرا على كل شيء
Merci pour ...	ʃukran ʿala ... شكرا على ...
votre aide	musāʿadatak مساعدتك
les bons moments passés	al waqt al laṭīf الوقت اللطيف
un repas merveilleux	waʒba rāʾiʿa وجبة رائعة
cette agréable soirée	amsiyya mumtiʿa أمسية ممتعة
cette merveilleuse journée	yawm rāʾiʿ يوم رائع
une excursion extraordinaire	riḥla mudhiʃa رحلة مدهشة
Il n'y a pas de quoi.	la ʃukr ʿala wāʒib لا شكر على واجب
Vous êtes les bienvenus.	al ʿafw العفو
Mon plaisir.	fi ayy waqt في أي وقت
J'ai été heureux /heureuse/ de vous aider.	bi kull surūr بكل سرور
Ça va. N'y pensez plus.	insa al amr إنس الأمر
Ne vous inquiétez pas.	la taqlaq لا تقلق

Félicitations. Vœux de fête

Félicitations!	uhanni'uka! أهنئك!
Joyeux anniversaire!	ʿīd milād saʿīd! عيد ميلاد سعيد!
Joyeux Noël!	ʿīd milād saʿīd! عيد ميلاد سعيد!
Bonne Année!	sana ʒadīda saʿīda! سنة جديدة سعيدة!
Joyeuses Pâques!	ʿīd fiṣḥ saʿīd! عيد فصح سعيد!
Joyeux Hanoukka!	hanūka saʿīda! هانوكا سعيدة!
Je voudrais proposer un toast.	awudd an aqtariḥ naχb أود أن أقترح نخبا
Santé!	fi siḥḥatak في صحتك
Buvons à ...!	daʿawna naʃrab fi ...! دعونا نشرب في ...!
À notre succès!	naʒāḥna نجاحنا
À votre succès!	naʒāḥak نجاحك
Bonne chance!	bit tawfīq! بالتوفيق!
Bonne journée!	atamanna laka nahāran saʿīdan! أتمنى لك نهارا سعيدا!
Passez de bonnes vacances !	atamanna laka ʿuṭla ṭayyiba! أتمنى لك عطلة طيبة!
Bon voyage!	atamanna laka riḥla āmina! أتمنى لك رحلة آمنة!
Rétablissez-vous vite.	atamanna bi annaka satataḥassan qarīban أتمنى بأنك ستتحسن قريبا

Socialiser

Pourquoi êtes-vous si triste?	limāða anta ḥazīn? **لماذا أنت حزين؟**
Souriez!	ibtasim! **إبتسم!**
Êtes-vous libre ce soir?	hal anta ḥurr haðihil layla? **هل أنت حر هذه الليلة؟**
Puis-je vous offrir un verre?	hal tawudd an taʃrab ʃay'? **هل تود أن تشرب شيئا؟**
Voulez-vous danser?	hal tawudd an tarquṣ? **هل تود أن ترقص؟**
Et si on va au cinéma?	da'awna naðhab ilas sinima **دعونا نذهب إلى السينما**
Puis-je vous inviter ...	hal yumkinuni an ad'ūk ila ...? **هل يمكنني أن أدعوك إلى ...؟**
au restaurant	maṭ'am **مطعم**
au cinéma	as sinima **السينما**
au théâtre	al masraḥ **المسرح**
pour une promenade	tamʃiya **تمشية**
À quelle heure?	fi ayy sā'a? **في أي ساعة؟**
ce soir	haðal masā' **هذا المساء**
à six heures	as sā'a as sādisa **الساعة السادسة**
à sept heures	as sā'a as sābi'a **الساعة السابعة**
à huit heures	as sā'a aθ θāmina **الساعة الثامنة**
à neuf heures	as sā'a at tāsi'a **الساعة التاسعة**
Est-ce que vous aimez cet endroit?	hal yu'ʒibak al makān? **هل يعجبك المكان؟**
Êtes-vous ici avec quelqu'un?	hal anta huna ma' aḥad? **هل أنت هنا مع أحد؟**
Je suis avec mon ami.	ana ma' ṣadīq **أنا مع صديق**

Je suis avec mes amis.	ana ma' aṣdiqā' أنا مع أصدقاء
Non, je suis seul /seule/	la, ana li waḥdi لا، أنا لوحدي
As-tu un copain?	hal 'indak ṣadīq? هل عندك صديق؟
J'ai un copain.	ana 'indi ṣadīq أنا عندي صديق
As-tu une copine?	hal 'indak ṣadīqa? هل عندك صديقة؟
J'ai une copine.	ana 'indi ṣadīqa أنا عندي صديقة
Est-ce que je peux te revoir?	hal yumkinuni ru'yatak marra uχra? هل يمكنني رؤيتك مرة أخرى؟
Est-ce que je peux t'appeler?	hal astaṭī' an attaṣil bik? هل أستطيع أن أتصل بك؟
Appelle-moi.	ittaṣil bi إتصل بي
Quel est ton numéro?	ma raqmak? ما رقمك؟
Tu me manques.	aʃtāq ilayk أشتاق إليك
Vous avez un très beau nom.	ismak ʒamīl إسمك جميل
Je t'aime.	uḥibbak أحبك
Veux-tu te marier avec moi?	hal tatazawwaʒīnani? هل تتزوجينني؟
Vous plaisantez!	anta tamzaḥ! أنت تمزح!
Je plaisante.	ana amzaḥ faqaṭ أنا أمزح فقط
Êtes-vous sérieux /sérieuse/?	hal anta gadd? هل أنت جاد؟
Je suis sérieux /sérieuse/	ana gādd أنا جاد
Vraiment?!	ṣaḥīḥ? صحيح؟
C'est incroyable!	haða ɣayr ma'qūl! هذا غير معقول!
Je ne vous crois pas.	la uṣaddiqak لا أصدقك
Je ne peux pas.	ana la astaṭī' أنا لا أستطيع
Je ne sais pas.	la a'rif أنا لا أعرف
Je ne vous comprends pas	la afhamak أنا لا أفهمك

Laissez-moi! Allez-vous-en!	min faḍlak iðhab min huna **من فضلك إذهب من هنا**
Laissez-moi tranquille!	utrukni li waḥdi! **أتركني لوحدي!**
Je ne le supporte pas.	ana la uṭīquhu **أنا لا أطيقه**
Vous êtes dégoûtant!	anta muqrif **أنت مقرف**
Je vais appeler la police!	haṭṭlob el ʃorṭa **سأتصل بالشرطة**

Partager des impressions. Émotions

J'aime ça.	yu'ʒibuni ðalika **يعجبني ذلك**
C'est gentil.	ʒamīl ʒiddan **جميل جدا**
C'est super!	haða rā'i' **هذا رائع**
C'est assez bien.	la ba's bihi **لا بأس به**
Je n'aime pas ça.	la yu'ʒibuni ðalika **لا يعجبني ذلك**
Ce n'est pas bien.	laysa ʒayyid **ليس جيدا**
C'est mauvais.	haða sayyi' **هذا سيء**
Ce n'est pas bien du tout.	haða sayyi' ʒiddan **هذا سيء جدا**
C'est dégoûtant.	haða muqrif **هذا مقرف**
Je suis content /contente/	ana sa'īd /sa'īda/ **أنا سعيد /سعيدة/**
Je suis heureux /heureuse/	ana mabsūṭ /mabsūṭa/ **أنا مبسوط /مبسوطة/**
Je suis amoureux /amoureuse/	ana uḥibb **أنا أحب**
Je suis calme.	ana hādi' /hādi'a/ **أنا هادئ /هادئة/**
Je m'ennuie.	aʃ'ur bil malal **أشعر بالملل**
Je suis fatigué /fatiguée/	ana ta'bān /ta'bāna/ **أنا تعبان /تعبانة/**
Je suis triste.	ana ḥazīn /ḥazīna/ **أنا حزين /حزينة/**
J'ai peur.	ana χā'if /χā'ifa/ **أنا خائف /خائفة/**
Je suis fâché /fâchée/	ana ɣāḍib /ɣāḍiba/ **أنا غاضب /غاضبة/**
Je suis inquiet /inquiète/	ana qaliq /qaliqa/ **أنا قلق /قلقة/**
Je suis nerveux /nerveuse/	ana mutawattir /mutawattira/ **أنا متوتر /متوترة/**

Je suis jaloux /jalouse/	ana ɣayūr /ɣayūra/ **أنا غيور /غيورة/**
Je suis surpris /surprise/	ana mutafāʒi' /mutafāʒi'a/ **أنا متفاجئ /متفاجئة/**
Je suis gêné /gênée/	ana ḥā'ir /ḥā'ira/ **أنا حائر /حائرة/**

Problèmes. Accidents

J'ai un problème.	ʿindi muʃkila **عندي مشكلة**
Nous avons un problème.	ʿindana muʃkila **عندنا مشكلة**
Je suis perdu /perdue/	aḍaʿt ṭarīqi **أضعت طريقي**
J'ai manqué le dernier bus (train).	fātatni ʾāχir ḥāfila **فاتتني آخر حافلة**
Je n'ai plus d'argent.	laysa ladayya ayy māl **ليس لدي أي مال**
J'ai perdu mon ...	faqadt ... **فقدت ...**
On m'a volé mon ...	saraqu minni ... **سرقوا مني ...**
passeport	ʒawāz as safar **جواز السفر**
portefeuille	al maḥfaẓa **المحفظة**
papiers	al awrāq **الأوراق**
billet	at taðkira **التذكرة**
argent	an nuqūd **النقود**
sac à main	aʃ ʃanṭa **الشنطة**
appareil photo	al kamira **الكاميرا**
portable	al kumbyūtir al maḥmūl **الكمبيوتر المحمول**
ma tablette	al kumbyūtir al lawḥiy **الكمبيوتر اللوحي**
mobile	at tilifūn al maḥmūl **التليفون المحمول**
Au secours!	sāʿidni! **ساعدني!**
Qu'est-il arrivé?	māða ḥadaθ? **ماذا حدث؟**
un incendie	ḥarīqa **حريقة**

des coups de feu	iṭlāq an nār إطلاق النار
un meurtre	qatl قتل
une explosion	infiʒār إنفجار
une bagarre	χināqa خناقة

Appelez la police!	ittaṣil biʃ ʃurṭa! إتصل بالشرطة!
Dépêchez-vous, s'il vous plaît!	bi surʻa min faḍlak! بسرعة من فضلك!
Je cherche le commissariat de police.	abḥaθ ʻan qism aʃ ʃurṭa أبحث عن قسم الشرطة
Il me faut faire un appel.	urīd iʒrāʼ mukālama ḥātifiyya أريد إجراء مكالمة هاتفية
Puis-je utiliser votre téléphone?	hal yumkinuni an astaχdim tilifūnak? هل يمكنني أن أستخدم تليفونك؟

J'ai été …	laqat taʻarraḍt li … لقد تعرضت لـ...
agressé /agressée/	sirqa سرقة
volé /volée/	sirqa سرقة
violée	iɣtiṣāb إغتصاب
attaqué /attaquée/	iʻtidāʼ إعتداء

Est-ce que ça va?	hal anta bi χayr? هل أنت بخير؟
Avez-vous vu qui c'était?	hal raʼayt man kān ðalik? هل رأيت من كان ذلك؟
Pourriez-vous reconnaître cette personne?	hal tastaṭīʻ at taʻarruf ʻalayhi? هل ستستطيع التعرف عليه؟
Vous êtes sûr?	hal anta mutaʼkked? هل أنت متأكد؟

Calmez-vous, s'il vous plaît.	ihdaʼ min faḍlak إهدأ من فضلك
Calmez-vous!	hawwin ʻalayk! هون عليك!
Ne vous inquiétez pas.	la taqlaq! لا تقلق!
Tout ira bien.	kull ʃayʼ sayakūn ʻala ma yurām كل شيء سيكون على ما يرام
Ça va. Tout va bien.	kull ʃayʼ ʻala ma yurām كل شيء على ما يرام
Venez ici, s'il vous plaît.	taʻāla huna law samaḥt تعال هنا لو سمحت

J'ai des questions à vous poser.
'indi lak as'ila
عندي لك أسئلة

Attendez un moment, s'il vous plaît.
intaẓir laḥẓa min faḍlak
إنتظر لحظة من فضلك

Avez-vous une carte d'identité?
hal 'indak biṭāqa ʃaχsiyya?
هل عندك بطاقة شخصية؟

Merci. Vous pouvez partir maintenant.
ʃukran. yumkinuka al muɣādara al 'ān
شكرا. يمكنك المغادرة الآن

Les mains derrière la tête!
ḍa' yadayk χalfa ra'sak!
ضع يديك خلف رأسك!

Vous êtes arrêté!
anta mawqūf!
أنت موقوف!

Problèmes de santé

Aidez-moi, s'il vous plaît.	sāʿidni min faḍlak **ساعدني من فضلك**
Je ne me sens pas bien.	la aʃʿur bi χayr **لا أشعر بخير**
Mon mari ne se sent pas bien.	zawʒi la yaʃʿur bi χayr **زوجي لا يشعر بخير**
Mon fils ...	ibni ... **إبني ...**
Mon père ...	abi ... **أبي ...**
Ma femme ne se sent pas bien.	zawʒati la taʃʿur bi χayr **زوجتي لا تشعر بخير**
Ma fille ...	ibnati ... **إبنتي ...**
Ma mère ...	ummi ... **أمي ...**
J'ai mal ...	ana ʿindi ... **أنا عندي ...**
à la tête	ṣudāʿ **صداع**
à la gorge	iltihāb fil ḥalq **إلتهاب في الحلق**
à l'estomac	maɣaṣ **مغص**
aux dents	alam asnān **ألم أسنان**
J'ai le vertige.	aʃʿur bid dawār **أشعر بالدوار**
Il a de la fièvre.	ʿindahu ḥumma **عنده حمى**
Elle a de la fièvre.	ʿindaha ḥumma **عندها حمى**
Je ne peux pas respirer.	la astaṭīʿ at tanaffus **لا أستطيع التنفس**
J'ai du mal à respirer.	aʃʿur bi ḍīq at tanaffus **أشعر بضيق التنفس**
Je suis asthmatique.	uʿāni min ar rabw **أعاني من الربو**
Je suis diabétique.	ana ʿindi maraḍ as sukkar **أنا عندي مرض السكر**

Je ne peux pas dormir.	la astatīʿ an anām لا أستطيع أن أنام
intoxication alimentaire	tasammum ɣiðā'iy تسمم غذائي

Ça fait mal ici.	aʃur bi alam huna أشعر بألم هنا
Aidez-moi!	sā'idni! ساعدني!
Je suis ici!	ana huna! أنا هنا!
Nous sommes ici!	naḥnu huna! نحن هنا!
Sortez-moi d'ici!	aχraʒūni min huna أخرجوني من هنا!
J'ai besoin d'un docteur.	ana aḥtāʒ ila ṭabīb أنا أحتاج إلى طبيب
Je ne peux pas bouger!	la astatīʿ an ataḥarrak لا أستطيع أن أتحرك
Je ne peux pas bouger mes jambes.	la astatīʿ an uḥarrik riʒlayya لا أستطيع أن أحرك رجلي

Je suis blessé /blessée/	'indi ʒurḥ عندي جرح
Est-ce que c'est sérieux?	hal al amr χatīr? هل الأمر خطير؟
Mes papiers sont dans ma poche.	awrāqi fi ʒaybi أوراقي في جيبي
Calmez-vous!	ihda'! إهدأ!
Puis-je utiliser votre téléphone?	hal yumkinuni an astaχdim tilifūnak? هل يمكنني أن أستخدم تليفونك؟

Appelez une ambulance!	ittaṣil bil is'āf! إتصل بالإسعاف!
C'est urgent!	al amr 'āʒil! الأمر عاجل!
C'est une urgence!	innaha ḥāla ṭāri'a! إنها حالة طارئة!
Dépêchez-vous, s'il vous plaît!	bi sur'a min faḍlak! بسرعة من فضلك!
Appelez le docteur, s'il vous plaît.	ittaṣil biṭ ṭabib min faḍlak? إتصل بالطبيب من فضلك
Où est l'hôpital?	ayna al mustaʃfa? أين المستشفى؟

Comment vous sentez-vous?	kayf taʃur al 'ān كيف تشعر الآن؟
Est-ce que ça va?	hal anta bi χayr? هل أنت بخير؟
Qu'est-il arrivé?	māða hadaθ? ماذا حدث؟

Je me sens mieux maintenant.	aʃʿur bi taḥassun al ʾān **أشعر بتحسن الآن**
Ça va. Tout va bien.	la baʾs **لا بأس**
Ça va.	kull ʃayʾ ʿala ma yurām **كل شيء على ما يرام**

À la pharmacie

pharmacie	ṣaydaliyya **صيدلية**
pharmacie 24 heures	ṣaydaliyya arbaʿ wa ʿiʃrīn sāʿa **صيدلية 24 ساعة**
Où se trouve la pharmacie la plus proche?	ayna aqrab ṣaydaliyya? **أين أقرب صيدلية؟**
Est-elle ouverte en ce moment?	hal hiya maftūḥa al ʾān? **هل هي مفتوحة الآن؟**
À quelle heure ouvre-t-elle?	mata taftaḥ? **متى تفتح؟**
à quelle heure ferme-t-elle?	mata tuɣliq? **متى تغلق؟**
C'est loin?	hal hiya baʿīda? **هل هي بعيدة؟**
Est-ce que je peux y aller à pied?	hal yumkinuni an aṣil ila hunāk māʃiyan? **هل يمكنني أن أصل إلى هناك ماشيا؟**
Pouvez-vous me le montrer sur la carte?	arīni ʿalal χarīṭa min faḍlak **أريني على الخريطة من فضلك**
Pouvez-vous me donner quelque chose contre ...	min faḍlak aʿṭini ʃay' li ... **من فضلك أعطني شيئا لـ...**
le mal de tête	aṣ ṣudāʿ **الصداع**
la toux	as suʿāl **السعال**
le rhume	al bard **البرد**
la grippe	al influenza **الأنفلوانزا**
la fièvre	al ḥumma **الحمى**
un mal d'estomac	el maɣaṣ **المغص**
la nausée	a ɣaθayān **الغثيان**
la diarrhée	al ishāl **الإسهال**
la constipation	al imsāk **الإمساك**
un mal de dos	alam fiz ẓahr **ألم في الظهر**

les douleurs de poitrine	alam fiṣ ṣadr ألم في الصدر
les points de côté	ɣurza ʒānibiyya غرزة جانبية
les douleurs abdominales	alam fil baṭn ألم في البطن

une pilule	ḥabba حبة
un onguent, une crème	marham, krīm مرهم، كريم
un sirop	ʃarāb شراب
un spray	baχχāχ بخاخ
les gouttes	qaṭarāt قطرات

Vous devez allez à l'hôpital.	'alayk an taðhab ilal mustaʃfa عليك أن تذهب إلى المستشفى
assurance maladie	ta'mīn ṣiḥḥiy تأمين صحي
prescription	waṣfa ṭibbiyya وصفة طبية
produit anti-insecte	ṭārid lil haʃarāt طارد للحشرات
bandages adhésifs	laṣqa lil ʒurūḥ لصقة للجروح

Les essentiels

Excusez-moi, ...	law samaḥt, ... لو سمحت، ...
Bonjour	as salāmu ʻalaykum السلام عليكم
Merci	ʃukran شكرا
Au revoir	maʻ as salāma مع السلامة
Oui	naʻam نعم
Non	la لا
Je ne sais pas.	la aʻrif لا أعرف
Où? | Où? | Quand?	ayna? | ila ayna? | mata? أين؟ | إلى أين؟ | متى؟

J'ai besoin de ...	ana aḥtāʒ ila ... أنا أحتاج إلى...
Je veux ...	ana urīd ... أنا أريد ...
Avez-vous ... ?	hal ʻindak ...? هل عندك... ؟
Est-ce qu'il y a ... ici?	hal yūʒad huna ...? هل يوجد هنا ...؟
Puis-je ... ?	hal yumkinuni ...? هل يمكنني...؟
s'il vous plaît (pour une demande)	... min faḍlak من فضلك ...

Je cherche ...	abḥaθ ʻan ... أبحث عن ...
les toilettes	ḥammām حمام
un distributeur	mākīnat ṣarrāf ʼāliy ماكينة صراف آلي
une pharmacie	ṣaydaliyya صيدلية
l'hôpital	mustaʃfa مستشفى
le commissariat de police	qism aʃ ʃurṭa قسم شرطة
une station de métro	mitru al anfāq مترو الأنفاق

un taxi	taksi تاكسي
la gare	mahaṭṭat al qiṭār محطة القطار

Je m'appelle ...	ismi ... إسمي...
Comment vous appelez-vous?	ma smuka? ما اسمك؟
Aidez-moi, s'il vous plaît.	sā'idni min faḍlak ساعدني من فضلك
J'ai un problème.	'indi muʃkila عندي مشكلة
Je ne me sens pas bien.	la aʃ'ur bi χayr لا أشعر بخير
Appelez une ambulance!	ittaṣil bil is'āf! إتصل بالإسعاف!
Puis-je faire un appel?	hal yumkinuni iʒrā' mukālama tilifūniyya? هل يمكنني إجراء مكالمة هاتفية؟

Excusez-moi.	ana 'āṣif أنا آسف
Je vous en prie.	al 'afw العفو

je, moi	ana أنا
tu, toi	anṭa أنت
il	huwa هو
elle	hiya هي
ils	hum هم
elles	hum هم
nous	naḥnu نحن
vous	anṭum أنتم
Vous	ḥaḍritak حضرتك

ENTRÉE	duχūl دخول
SORTIE	χurūʒ خروج
HORS SERVICE | EN PANNE	mu'aṭṭal معطل
FERMÉ	muɣlaq مغلق

OUVERT	maftūḥ مفتوح
POUR LES FEMMES	lis sayyidāt للسيدات
POUR LES HOMMES	lir riʒāl للرجال

MINI DICTIONNAIRE

Cette section contient
250 mots, utiles nécessaires
à la communication
quotidienne.
Vous y trouverez le nom
des mois et des jours.
Le dictionnaire contient
aussi des sujets aussi variés
que les couleurs, les unités
de mesure, la famille et plus

T&P Books Publishing

CONTENU DU DICTIONNAIRE

T&P Books Publishing

1. Le temps. Le calendrier

temps (m)	wa'ṭ (m)	وقت
heure (f)	sā'a (f)	ساعة
demi-heure (f)	noṣṣ sā'a (m)	نصّ ساعة
minute (f)	de'ī'a (f)	دقيقة
seconde (f)	sanya (f)	ثانية
aujourd'hui (adv)	el naharda	النهارده
demain (adv)	bokra	بكرة
hier (adv)	embāreḥ	امبارح
lundi (m)	el etneyn (m)	الإتنين
mardi (m)	el talāt (m)	التلات
mercredi (m)	el arbe'ā' (m)	الأربعاء
jeudi (m)	el χamīs (m)	الخميس
vendredi (m)	el gom'a (m)	الجمعة
samedi (m)	el sabt (m)	السبت
dimanche (m)	el aḥad (m)	الأحد
jour (m)	yome (m)	يوم
jour (m) ouvrable	yome 'amal (m)	يوم عمل
jour (m) férié	agāza rasmiya (f)	أجازة رسميّة
week-end (m)	nehāyet el osbū' (f)	نهاية الأسبوع
semaine (f)	osbū' (m)	أسبوع
la semaine dernière	el esbū' elly fāt	الأسبوع اللي فات
la semaine prochaine	el esbū' elly gayī	الأسبوع اللي جاي
le matin	fel ṣobḥ	في الصبح
dans l'après-midi	ba'd el ḍohr	بعد الظهر
le soir	bel leyl	بالليل
ce soir	el naharda bel leyl	النهاردة بالليل
la nuit	bel leyl	بالليل
minuit (f)	noṣṣ el leyl (m)	نصّ الليل
janvier (m)	yanāyer (m)	يناير
février (m)	febrāyer (m)	فبراير
mars (m)	māres (m)	مارس
avril (m)	ebrīl (m)	إبريل
mai (m)	māyo (m)	مايو
juin (m)	yonyo (m)	يونيو
juillet (m)	yolyo (m)	يوليو
août (m)	oɣosṭos (m)	أغسطس

septembre (m)	sebtamber (m)	سبتمبر
octobre (m)	oktober (m)	أكتوبر
novembre (m)	november (m)	نوفمبر
décembre (m)	desember (m)	ديسمبر
au printemps	fel rabeeʿ	في الربيع
en été	fel ṣeyf	في الصيف
en automne	fel χarīf	في الخريف
en hiver	fel ʃetāʾ	في الشتاء
mois (m)	ʃahr (m)	شهر
saison (f)	faṣl (m)	فصل
année (f)	sana (f)	سنة

2. Nombres. Adjectifs numéraux

zéro	ṣefr	صفر
un	wāḥed	واحد
deux	etneyn	إتنين
trois	talāta	ثلاثة
quatre	arbaʿa	أربعة
cinq	χamsa	خمسة
six	setta	ستّة
sept	sabʿa	سبعة
huit	tamanya	ثمانية
neuf	tesʿa	تسعة
dix	ʿaʃara	عشرة
onze	ḥedāʃar	حداشر
douze	etnāʃar	إتناشر
treize	talattāʃar	تلاتّاشر
quatorze	arbaʿtāʃer	أربعتاشر
quinze	χamastāʃer	خمستاشر
seize	settāʃar	ستّاشر
dix-sept	sabaʿtāʃar	سبعتاشر
dix-huit	tamantāʃar	تمنتاشر
dix-neuf	tesʿatāʃar	تسعتاشر
vingt	ʿeʃrīn	عشرين
trente	talatīn	ثلاثين
quarante	arbeʿīn	أربعين
cinquante	χamsīn	خمسين
soixante	settīn	ستّين
soixante-dix	sabʿīn	سبعين
quatre-vingts	tamanīn	ثمانين
quatre-vingt-dix	tesʿīn	تسعين
cent	miya	ميّة

deux cents	meteyn	ميتين
trois cents	toltomiya	تلتميّة
quatre cents	rob'omiya	ربعميّة
cinq cents	χomsomiya	خمسميّة
six cents	sotomiya	ستميّة
sept cents	sob'omiya	سبعميّة
huit cents	tomnome'a	ثمنمئة
neuf cents	tos'omiya	تسعميّة
mille	alf	ألف
dix mille	'aʃaret 'ālāf	عشرة آلاف
cent mille	mīt alf	ميت ألف
million (m)	millyon (m)	مليون
milliard (m)	millyār (m)	مليار

3. L'être humain. La famille

homme (m)	rāgel (m)	راجل
jeune homme (m)	ʃāb (m)	شاب
femme (f)	set (f)	ست
jeune fille (f)	bent (f)	بنت
vieillard (m)	'agūz (m)	عجوز
vieille femme (f)	'agūza (f)	عجوزة
mère (f)	walda (f)	والدة
père (m)	wāled (m)	والد
fils (m)	walad (m)	ولد
fille (f)	bent (f)	بنت
frère (m)	aχ (m)	أخ
sœur (f)	oχt (f)	أخت
parents (m pl)	waldeyn (du)	والدين
enfant (m, f)	ṭefl (m)	طفل
enfants (pl)	aṭfāl (pl)	أطفال
belle-mère (f)	merāt el abb (f)	مرات الأب
beau-père (m)	goze el omm (m)	جوز الأم
grand-mère (f)	gedda (f)	جدّة
grand-père (m)	gadd (m)	جدّ
petit-fils (m)	ḥafīd (m)	حفيد
petite-fille (f)	ḥafīda (f)	حفيدة
petits-enfants (pl)	aḥfād (pl)	أحفاد
oncle (m)	'amm (m), χāl (m)	عمّ, خال
tante (f)	'amma (f), χāla (f)	عمّة, خالة
neveu (m)	ibn el aχ (m), ibn el uχt (m)	إبن الأخ, إبن الأخت
nièce (f)	bint el aχ (f), bint el uχt (f)	بنت الأخ, بنت الأخت
femme (f)	goza (f)	جوزة

mari (m)	goze (m)	جوز
marié (adj)	metgawwez	متجوّز
mariée (adj)	metgawweza	متجوّزة
veuve (f)	armala (f)	أرملة
veuf (m)	armal (m)	أرمل
prénom (m)	esm (m)	اسم
nom (m) de famille	esm el ʿa'ela (m)	اسم العائلة
parent (m)	ʾarīb (m)	قريب
ami (m)	ṣadīq (m)	صديق
amitié (f)	ṣadāqa (f)	صداقة
partenaire (m)	rafīʾ (m)	رفيق
supérieur (m)	el arfaʿ maqāman (m)	الأرفع مقاماً
collègue (m, f)	zamīl (m)	زميل
voisins (m pl)	gerān (pl)	جيران

4. Le corps humain. L'anatomie

corps (m)	gesm (m)	جسم
cœur (m)	ʾalb (m)	قلب
sang (m)	damm (m)	دم
cerveau (m)	mokχ (m)	مخ
os (m)	ʿaḍm (m)	عظم
colonne (f) vertébrale	ʿamūd faqry (m)	عمود فقري
côte (f)	ḍelʿ (m)	ضلع
poumons (m pl)	reʾateyn (du)	رئتين
peau (f)	boʃra (m)	بشرة
tête (f)	ra's (m)	رأس
visage (m)	weʃ (m)	وش
nez (m)	manaχīr (m)	مناخير
front (m)	gabha (f)	جبهة
joue (f)	χadd (m)	خدّ
bouche (f)	boʾ (m)	بوء
langue (f)	lesān (m)	لسان
dent (f)	senna (f)	سنّة
lèvres (f pl)	ʃafāyef (pl)	شفايف
menton (m)	daʾʾn (m)	دقن
oreille (f)	wedn (f)	ودن
cou (m)	ra'aba (f)	رقبة
œil (m)	ʿeyn (f)	عين
pupille (f)	ḥad'a (f)	حدقة
sourcil (m)	ḥāgeb (m)	حاجب
cil (m)	remʃ (m)	رمش
cheveux (m pl)	ʃaʿr (m)	شعر

coiffure (f)	tasrīḥa (f)	تسريحة
moustache (f)	ʃanab (pl)	شنب
barbe (f)	leḥya (f)	لحية
porter (~ la barbe)	ʿando	عنده
chauve (adj)	aṣlaʿ	أصلع
main (f)	yad (m)	يد
bras (m)	derāʿ (f)	دراع
doigt (m)	ṣobāʿ (m)	صباع
ongle (m)	ḍefr (m)	ضفر
paume (f)	kaff (f)	كفّ
épaule (f)	ketf (f)	كتف
jambe (f)	regl (f)	رجل
genou (m)	rokba (f)	ركبة
talon (m)	kaʿb (m)	كعب
dos (m)	ḍahr (m)	ضهر

5. Les vêtements. Les accessoires personnels

vêtement (m)	malābes (pl)	ملابس
manteau (m)	balṭo (m)	بالطو
manteau (m) de fourrure	balṭo farww (m)	بالطو فروّ
veste (f) (~ en cuir)	ʒæket (m)	جاكيت
imperméable (m)	ʒæket lel maṭar (m)	جاكيت للمطر
chemise (f)	ʾamīṣ (m)	قميص
pantalon (m)	banṭalone (f)	بنطلون
veston (m)	ʒæket (f)	جاكت
complet (m)	badla (f)	بدلة
robe (f)	fostān (m)	فستان
jupe (f)	ʒība (f)	جيبة
tee-shirt (m)	ti ʃirt (m)	تي شيرت
peignoir (m) de bain	robe el ḥammām (m)	روب حمّام
pyjama (m)	beʒāma (f)	بيجاما
tenue (f) de travail	lebs el ʃoɣl (m)	لبس الشغل
sous-vêtements (m pl)	malābes dāχeliya (pl)	ملابس داخلية
chaussettes (f pl)	ʃarāb (m)	شراب
soutien-gorge (m)	setyāna (f)	ستيانة
collants (m pl)	klone (m)	كلون
bas (m pl)	gawāreb (pl)	جوارب
maillot (m) de bain	mayo (m)	مايّوه
chapeau (m)	ṭaʾiya (f)	طاقيّة
chaussures (f pl)	gezam (pl)	جزم
bottes (f pl)	būt (m)	بوت
talon (m)	kaʿb (m)	كعب
lacet (m)	ʃerīʾṭ (m)	شريط

cirage (m)	warnīʃ el gazma (m)	ورنيش الجزمة
gants (m pl)	gwanty (m)	جوانتي
moufles (f pl)	gwanty men ɣeyr aṣābe' (m)	جوانتي من غير أصابع
écharpe (f)	skarf (m)	سكارف
lunettes (f pl)	naḍḍāra (f)	نظّارة
parapluie (m)	ʃamsiya (f)	شمسيّة
cravate (f)	karavetta (f)	كرافتة
mouchoir (m)	mandīl (m)	منديل
peigne (m)	meʃṭ (m)	مشط
brosse (f) à cheveux	forʃet ʃa'r (f)	فرشة شعر
boucle (f)	bokla (f)	بكلة
ceinture (f)	ḥezām (m)	حزام
sac (m) à main	ʃanṭet yad (f)	شنطة يد

6. La maison. L'appartement

appartement (m)	ʃa''a (f)	شقّة
chambre (f)	oḍa (f)	أوضة
chambre (f) à coucher	oḍet el nome (f)	أوضة النوم
salle (f) à manger	oḍet el sofra (f)	أوضة السفرة
salon (m)	oḍet el esteqbāl (f)	أوضة الإستقبال
bureau (m)	maktab (m)	مكتب
antichambre (f)	madχal (m)	مدخل
salle (f) de bains	ḥammām (m)	حمّام
toilettes (f pl)	ḥammām (m)	حمّام
aspirateur (m)	maknasa kahraba'iya (f)	مكنسة كهربائيّة
balai (m) à franges	ʃarʃūba (f)	شرشوبة
torchon (m)	mamsaḥa (f)	ممسحة
balayette (f) de sorgho	ma'sʃa (f)	مقشّة
pelle (f) à ordures	lammāma (f)	لمّامة
meubles (m pl)	asās (m)	أثاث
table (f)	maktab (m)	مكتب
chaise (f)	korsy (m)	كرسي
fauteuil (m)	korsy (m)	كرسي
miroir (m)	merāya (f)	مراية
tapis (m)	seggāda (f)	سجّادة
cheminée (f)	daffāya (f)	دفّاية
rideaux (m pl)	satā'er (pl)	ستائر
lampe (f) de table	abāʒūr (f)	اباجورة
lustre (m)	nagafa (f)	نجفة
cuisine (f)	maṭbaχ (m)	مطبخ
cuisinière (f) à gaz	botoɣāz (m)	بوتوغاز

cuisinière (f) électrique	forn kaharabā'y (m)	فرن كهربائي
four (m) micro-ondes	mikroweyv (m)	ميكروويف
réfrigérateur (m)	tallāga (f)	ثلاجة
congélateur (m)	freyzer (m)	فريزر
lave-vaisselle (m)	ɣassālet aṭbā' (f)	غسّالة أطباق
robinet (m)	ḥanafiya (f)	حنفيّة
hachoir (m) à viande	farrāmet laḥm (f)	فرّامة لحم
centrifugeuse (f)	'aṣṣāra (f)	عصّارة
grille-pain (m)	maḥmaṣet χobz (f)	محمصة خبز
batteur (m)	χallāṭ (m)	خلّاط
machine (f) à café	makinet ṣon' el 'ahwa (f)	ماكينة صنع القهوة
bouilloire (f)	ɣallāya (f)	غلّاية
théière (f)	barrād el ʃāy (m)	برّاد الشاي
téléviseur (m)	televizion (m)	تليفزيون
magnétoscope (m)	'āla tasgīl video (f)	آلة تسجيل فيديو
fer (m) à repasser	makwa (f)	مكواة
téléphone (m)	telefon (m)	تليفون

www.ingramcontent.com/pod-product-compliance
Lightning Source LLC
Chambersburg PA
CBHW071506070426
42452CB00041B/2342
* 9 7 8 1 7 8 7 1 6 9 4 3 2 *